JEAN MAXIME ZIABOLY KONAN

Mon Compagnon de Prière de 40 jours

JEAN MAXIME ZIABOLY KONAN

Mon Compagnon de Prière de 40 jours

Éditions Croix du Salut

Imprint

Cover image: www.ingimage.com

Publisher:
Éditions Croix du Salut
is a trademark of
Dodo Books Indian Ocean Ltd. and OmniScriptum S.R.L publishing group

120 High Road, East Finchley, London, N2 9ED, United Kingdom
Str. Armeneasca 28/1, office 1, Chisinau MD-2012, Republic of Moldova, Europe
Printed at: see last page
ISBN: 978-620-6-16835-5

Mon Compagnon de Prière de 40 jours

Jean Maxime ZIABOLY

Mon Compagnon de Prière de 40 jours

Jean Maxime ZIABOLY

Dédicace

Cher.e lecteur. rice,

Je tiens à dédier ce livre à toutes les personnes qui cherchent à renforcer leur relation avec Dieu. Je souhaite que ce compagnon de prière de 40 jours vous aide à découvrir la puissance de la prière et à vous rapprocher de Dieu à travers cette expérience spirituelle profonde. Que vous trouviez la force, la paix et la sagesse nécessaires pour poursuivre votre cheminement spirituel et renforcer votre relation avec notre Seigneur.

Que Dieu vous bénisse sur votre parcours de foi.

Sincèrement, **Jean Maxime ZIABOLY**.

Objectifs

- Développer une relation personnelle avec Dieu à travers la prière quotidienne.
- Améliorer la compréhension de la prière et son importance dans la vie chrétienne.
- Apprendre de nouvelles techniques et méthodes de prière pour une expérience spirituelle plus profonde.
- Créer une habitude régulière de prière pour une vie plus centrée sur Dieu.
- Se rapprocher de Dieu en partageant la prière avec d'autres chrétiens.

Introduction

"Mon Compagnon de prière de 40 jours" est un guide spirituel destiné aux chrétiens qui cherchent à renforcer leur relation avec Dieu. Le livre propose une expérience de prière quotidienne sur une période de 40 jours pour permettre aux lecteurs de se rapprocher de Dieu à travers la prière.

Chaque jour, les lecteurs trouveront des instructions détaillées sur la prière, des méditations pour aider à la méditation sur la Parole de Dieu, des réflexions pour aider à la compréhension de la prière et des témoignages pour inspirer et motiver les lecteurs à continuer leur chemin spirituel.

Au fil des jours, les lecteurs apprendront de nouvelles techniques et méthodes de prière pour une expérience spirituelle plus profonde, développeront une habitude régulière de prière pour une vie plus centrée sur Dieu et se rapprocheront de Dieu en partageant leur prière avec d'autres chrétiens.

L'objectif final de "Mon Compagnon de prière de 40 jours" est d'aider les lecteurs à devenir des priants plus conscients et plus proches de Dieu, en renforçant leur relation personnelle avec Lui à travers la prière quotidienne. Les lecteurs découvriront la puissance de la prière et apprendront à intégrer cette pratique importante dans leur vie quotidienne pour une vie spirituelle plus riche et plus épanouissante.

Jour 1 : Matthieu 6 : 16-18

<<Jeûner en secret>>

"Quand tu jeûnes, ne prends pas un air abattu comme les hypocrites : ils se détachent le visage pour montrer aux gens qu'ils jeûnent. Amen, je te le dis, ils ont déjà reçu leur récompense. Toi, quand tu jeûnes, parfume-toi la tête et lave-toi le visage, afin que ton jeûne ne soit pas connu des gens, mais seulement de ton Père qui est dans le secret, et ton Père, qui voit dans le secret, te le rendra."

Méditation : Le passage de Matthieu 6 : 16-18 traite du sujet du jeûne. Jésus avertit les gens de ne pas adopter un comportement hypocrite lorsqu'ils jeûnent. Il déclare que les hypocrites affichent leur jeûne en se montrant abattus et en se détachant le visage. Jésus affirme que ce comportement ne mérite aucune récompense car ils cherchent seulement à être vus par les gens. Au contraire, Jésus conseille aux gens de se parfumer la tête et de se laver le visage pour que leur jeûne ne soit connu que de Dieu et non des gens. Selon Jésus, Dieu, qui voit dans le secret, récompensera ceux qui jeûnent de cette manière.

Action à mener : Prendre un jour de jeûne et essayer d'appliquer ce que dit <<**Matthieu 6 : 16-18**>>

Jour 2 : 1 Pierre 5 : 6-7

<<Humilité>>

"Humiliez-vous donc sous la puissante main de Dieu, afin qu'il vous élève au temps convenable, déchargeant tout votre fardeau sur lui, parce qu'il prend soin de vous. Ayez-en vous-mêmes la crainte révérencieuse, parce que Dieu résiste aux orgueilleux, mais il fait grâce aux humbles."

Méditation : Le passage 1 Pierre 5 : 6-7 parle de l'importance de l'humilité. Nous sommes invités à nous humilier sous la puissance de Dieu, pour qu'il nous élève à un moment opportun. Cela signifie que nous devons décharger nos soucis sur Dieu, car il prend soin de nous.

En même temps, nous devons avoir une crainte respectueuse envers Dieu, car il résiste à ceux qui sont orgueilleux, mais il fait grâce à ceux qui sont humbles.

- Un exemple d'humilité pourrait être de reconnaître que nous avons besoin d'aide et de soutien de la part de

Dieu pour surmonter les défis de la vie. Au lieu de se vanter de nos réalisations ou de nos talents, nous pouvons les considérer comme des bénédictions de Dieu et les utiliser pour aider les autres.

- Un autre exemple pourrait être de s'excuser pour nos erreurs et de demander pardon à ceux que nous avons offensés. Cela montre que nous sommes conscients de nos limites et que nous sommes disposés à nous humilier pour réparer les torts causés.

En résumé, l'humilité est un état d'esprit où nous reconnaissons notre dépendance envers Dieu et où nous sommes disposés à abandonner notre orgueil pour obtenir la grâce de Dieu.

Action à mener :

1- Demander sincèrement pardon à Dieu pour toutes les fois où nous nous sommes glorifiés dans nos affaires, nos vies, etc. Sans reconnaître l'aide et le soutien de Dieu.

2- Présenter des excuses et demander pardon à :
    - Ses employés (Pour les chefs d'entreprise)
    - Ses collaborateurs (Pour ceux qui travaillent ou font les affaires)
    - son/ses employé.es de maison
    - Un membre de sa famille (enfants, frères, parents, etc.)

- Un.e ami.e
- Où pour un fait qui nous ait très personnel.

Jour 3 : Colossiens 3 : 12-14

<<Amour fraternel>>

"Revêtez-vous de toutes les qualités qui font la sagesse de Dieu : la justice, la droiture, la paix, la patience, la bonté, la bénignité, la fidélité, la douceur, la tempérance. Supportez-vous les uns les autres, et pardonnez-vous mutuellement, si l'un a une plainte contre l'autre. Le Seigneur vous a pardonné, faites de même."

Méditation : Le passage Colossiens 3:12-14 parle de l'importance de l'amour fraternel. Nous sommes invités à nous revêtir de qualités qui reflètent la sagesse de Dieu, telles que la justice, la droiture, la paix, la patience, la bonté, la bénignité, la fidélité, la douceur et la tempérance. Cela signifie que nous devons nous soutenir les uns les autres et nous pardonner mutuellement lorsqu'il y a des conflits ou des incompréhensions.

-Un exemple d'amour fraternel serait d'aider un ami ou un membre de la famille qui traverse une période difficile en lui offrant du soutien et de la compassion. Au lieu de juger ou de critiquer, nous pouvons choisir de les aimer et de les soutenir dans leur besoin.

-Un autre exemple serait de pardonner à quelqu'un qui nous a blessé, car nous avons tous été pardonnés par le Seigneur. Cela montre que nous avons une attitude d'amour fraternel envers les autres, même lorsque nous sommes confrontés à des situations difficiles ou à des personnes qui nous ont causé de la douleur.

En résumé, l'amour fraternel implique de se revêtir de qualités qui reflètent la sagesse de Dieu et de soutenir et de pardonner les autres dans leurs besoins et leurs erreurs. C'est un élément clé pour construire des relations saines et durables avec les autres.

Action à mener :

1- Regarder dans notre famille et aider un frère, un cousin, un neveu, une cousine, etc. qui a besoin d'une aide quelconque (Trouver du travail, financement de projet, payement de scolarité...)

2- Faire une rétrospection et pardonner d'un cœur sincère une personne qui nous aurait causé du tort où la douleur y serait encore.

Jour 4 : 2 Corinthiens 9 : 7

<<Générosité>>

"Que chacun donne selon que sa conscience l'a dicté, pas à regret ou par contrainte, car Dieu aime celui qui donne avec joie."

Méditation : Avec ce passage nous sommes invités à donner selon ce que notre conscience nous dicte, sans regret ou contrainte. Il est important de donner avec joie, car Dieu aime ceux qui donnent de cette manière.

-Un exemple de générosité serait de donner de l'argent ou du temps à une organisation caritative qui nous tient à cœur. Au lieu de se sentir obligé de donner, nous pouvons le faire avec joie, sachant que nous sommes en train d'aider les autres.

-Un autre exemple serait de donner du temps pour aider un ami ou un membre de la famille dans le besoin, sans attendre une récompense ou une reconnaissance. Cela montre que nous sommes généreux dans notre cœur et que nous aimons aider les autres sans attendre quelque chose en retour.

En résumé, la générosité implique de donner de manière libre et joyeuse, sans regret ou contrainte, car c'est ce que notre conscience nous dicte. C'est une qualité importante pour construire des relations positives avec les autres et pour montrer notre amour et notre soutien envers eux.

Action à mener :

1- Se rendre dans un orphelinat pour partager son temps avec les enfants qui s'y trouvent.
2- Se rendre dans un hôpital pour visiter les malades. (À faire autant de fois que possible)

Jour 5 : 1 Corinthiens 13 : 4-7

<<Charité>>

"La charité est patiente, elle est pleine de bonté, la charité n'envie pas, elle ne se vante pas, elle ne s'enfle pas d'orgueil, elle ne fait rien de malhonnête, elle ne cherche pas son intérêt, elle ne s'irrite pas, elle ne soupçonne pas le mal, elle ne se réjouit pas de l'injustice, mais elle se réjouit de la vérité."

Méditation : Le passage 1 Corinthiens 13 : 4-7 parle de la charité, qui est décrite comme étant patiente, bienveillante, exempte d'envie et d'arrogance, honnête, désintéressée, imperturbable, confiante, détestant l'injustice mais se réjouissant de la vérité.

-Un exemple de charité serait de soutenir un ami dans le besoin, sans jugement ni envie. Au lieu de se concentrer sur nos propres intérêts, nous pouvons leur montrer de la compassion et de la patience en les écoutant et en leur offrant notre aide.

-Un autre exemple serait de donner de l'argent ou des vivres à une organisation caritative sans attendre de reconnaissance ou de remerciements en retour. Cela montre que nous sommes motivés par l'amour et la compassion pour les autres, plutôt que par l'arrogance ou l'orgueil.

En résumé, la charité implique d'agir avec compassion, patience et bienveillance envers les autres, sans se concentrer sur nos propres intérêts. C'est une qualité importante pour construire des relations positives et pour montrer notre amour et notre soutien envers les autres.

Action à mener :

1- Faire régulièrement des paniers de vivres pour faire des aumônes. (Il faut avoir prier bien avant de poser les actions)
2- Assister un.e ami.e moralement, physiquement ou financièrement.

Jour 6 : Psaume 51 : 10-12

<<Contrition>>

"Crée en moi un cœur pur, Ô Dieu, et renouvelle en moi un esprit bien disposé. Ne me repousse pas loin de ta face, et ne retiens pas ton Saint-Esprit de moi. Rends-moi la joie de ton salut, et qu'un esprit généreux me soutienne."

Méditation : Le Psaume 51 : 10-12 implore Dieu de créer en soi un cœur pur et de renouveler un esprit bien disposé. Il demande également à ne pas être repoussé loin de la présence de Dieu et à recevoir la joie du salut. Enfin, l'auteur implore de recevoir un esprit généreux pour le soutenir. Cela peut être considéré comme une prière pour la contrition, c'est-à-dire un regret sincère pour ses actions passées et un désir de changement.

Action à mener : Adresser à Dieu une prière vraie et sincère pour demander pardon pour des actes manqués.

Jour 7 : Matthieu 22 : 37-39

<<Amour pour Dieu>>

"Jésus lui dit : Tu aimeras le Seigneur ton Dieu de tout ton cœur, de toute ton âme, et de tout ton esprit. C'est le plus grand et le premier commandement. Le second est semblable à celui-ci : Tu aimeras ton prochain comme toi-même."

Méditation : Matthieu 22 : 37-39 cite Jésus qui dit que l'amour pour Dieu doit être complet, impliquant le cœur, l'âme et l'esprit. C'est considéré comme le plus grand et le premier commandement. Le second commandement est d'aimer son prochain comme soi-même. Cela montre l'importance de l'amour pour Dieu et pour les autres dans la vie chrétienne.

Par exemple, cela peut signifier consacrer du temps à la prière et à la méditation sur la Parole de Dieu, ainsi que faire preuve de bonté, de générosité et de compassion envers les autres.

Action à mener :

1- Il faut faire un programme de méditation de la parole de Dieu afin de se rapprocher davantage de Dieu. (Commencer déjà avec ce livret)

Jour 8 : Romains 12 : 9-12

<<Hospitalité>>

"Que votre amour soit sans hypocrisie. Abhorrez le mal, attachez-vous au bien. Aimez-vous les uns les autres avec une affection fraternelle. Préférez-vous les uns aux autres en vous donnant la priorité. N'ayez pas de paresse dans l'exercice de votre zèle, soyez ardents d'esprit, servez le Seigneur."

Méditation : Romains 12 : 9-12 encourage à aimer sans hypocrisie et à rejeter le mal pour s'attacher au bien. Il exhorte également à aimer les uns les autres avec affection fraternelle et à se préférer les uns les autres. Il insiste également sur le fait de ne pas être paresseux dans l'exercice de son zèle et d'être ardent d'esprit pour servir le Seigneur.

Cela peut se manifester par l'hospitalité, c'est-à-dire en accueillant les étrangers et les personnes dans le besoin avec amour et générosité.

Par exemple, cela peut signifier offrir un endroit où dormir à un ami dans le besoin, ou inviter des personnes à partager un repas.

Action à mener :

1- Prendre un jour et faire un repas à partager avec les membres de la famille (Principalement nos neveux, nièces, cousins, cousines…) ou des connaissances avec qui nous sommes en froid depuis un certain temps pour des malentendus.

Jour 9 : Ésaïe 58 : 6-7

<<Aide aux pauvres>>

"Non, ce n'est pas ce genre de jeûne que j'ai choisi, dit l'Éternel, jour où l'on se flétrit le corps. Ce n'est pas un jeûne de se couvrir la tête et de se vêtir de sacs. C'est plutôt le jeûne que j'ai choisi : dénouer les liens de la méchanceté, délier les attaches du joug, laisser aller libres ceux qui sont broyés, briser tout joug."

Méditation : Ésaïe 58 : 6-7 décrit un type de jeûne que Dieu n'a pas choisi, c'est-à-dire un jeûne consistant à affliger le corps en se couvrant la tête et en se vêtant de sacs. Au lieu de cela, Dieu préfère un jeûne qui consiste à dénouer les liens de la méchanceté, à délier les attaches du joug et à libérer les personnes opprimées.

Cela peut se manifester par l'aide aux pauvres, c'est-à-dire en aidant les personnes dans le besoin avec amour et générosité.

Action à mener :

1- Poser une action selon ce que votre cœur vous dira après avoir demandé l'avis au Saint-Esprit.

Jour 10 : Luc 14 : 12-14

<<Inviter les pauvres à table>>

"Lorsque tu donnes un déjeuner ou un dîner, n'invite pas tes amis, ni tes frères, ni tes parents, ni de riches voisins, de peur qu'ils ne t'invitent à leur tour, et que ce ne soit pour toi un retour équivalent. Mais quand tu fais un festin, invite les pauvres, les estropiés, les boiteux, les aveugles ; et tu seras béni, parce qu'ils n'ont rien pour te rendre, et ta récompense sera grande dans les cieux."

Méditation : Luc 14 : 12-14 encourage les personnes à inviter les pauvres à leur table lorsqu'ils donnent un déjeuner ou un dîner. Il ne faut pas inviter les amis riches ou les voisins prospères car ils pourraient vous inviter en retour.

Au lieu de cela, on doit inviter les personnes qui ont le plus besoin, telles que les pauvres, les estropiés, les boiteux et les aveugles. En faisant cela, on reçoit une récompense importante dans les cieux.

Par exemple, on peut inviter une personne sans abri à partager un repas chez soi, ou bien participer à un programme de bénévolat qui sert des repas aux personnes dans le besoin.

Action à mener :

1- Poser une action selon ce que votre cœur vous dira après avoir demandé l'avis au Saint-Esprit.

Jour 11 : Nahum 1 : 7

<< La Bonté Indéfectible de Dieu : Un Refuge Sûr en Temps d'Angoisse>>

"Le Seigneur est bon, une forteresse au jour de l'angoisse, il connaît ceux qui cherchent refuge en lui."

Méditation : Le verset "Le Seigneur est bon, une forteresse au jour de l'angoisse, il connaît ceux qui cherchent refuge en lui." (Nahum 1:7) met en lumière la bonté de Dieu et Sa nature protectrice envers ceux qui cherchent refuge en Lui.

D'abord, le verset déclare que le Seigneur est bon, ce qui signifie qu'Il est bienveillant, généreux et aimant. Sa bonté est permanente et fiable, et Il est toujours prêt à faire le bien pour ceux qui sont à Sa recherche.

En outre, le verset décrit Dieu comme une forteresse, une source de refuge et de sécurité pour ceux qui sont en danger. Il peut être comparé à un refuge solide et fiable pour les personnes qui sont confrontées à des difficultés et à de l'angoisse.

Enfin, le verset affirme que Dieu connaît ceux qui cherchent refuge en Lui. Cela signifie qu'Il est conscient des besoins et des préoccupations de ceux qui viennent à Lui, et qu'Il est prêt à les aider à surmonter leurs épreuves.

En conclusion, "Le Seigneur est bon, une forteresse au jour de l'angoisse, il connaît ceux qui cherchent refuge en lui." Nahum 1:7 est un message d'espoir pour ceux qui cherchent refuge et une vie meilleure. Il montre la bonté indéfectible de Dieu et Sa capacité à nous protéger et à nous aider dans les moments les plus difficiles de notre vie.

Jour 12 : Éphésiens 4 : 29-32

<<Parole bénéfique>>

"Ne laissez pas de mauvaise parole sortir de votre bouche, mais seulement ce qui est bénéfique pour l'édification nécessaire, afin de donner grâce aux auditeurs. Et n'affligez pas le Saint-Esprit de Dieu, par lequel vous avez été scellés pour le jour de la rédemption. Que la colère, la rage, la violence, les injures, et toutes les paroles méchantes soient éliminées de votre bouche."

Méditation : Le verset d'Éphésiens 4 : 29-32 encourage à utiliser une parole bénéfique pour l'édification des autres. Il est recommandé de ne pas dire de paroles négatives qui peuvent blesser les autres ou affliger l'Esprit Saint. Au lieu de cela, nous devrions choisir des paroles qui sont constructives et utiles pour les personnes qui nous entourent. Cela peut inclure des encouragements, des conseils positifs, ou simplement des paroles aimables.

Action à mener :

1- Pour les chefs d'entreprise cet exercice consiste à valoriser vos employés ou vos collaborateurs.
2- Ceux qui ont des domestiques de maisons, encourager-les, écouter-les, dites-leur de belles paroles, etc.
3- Les parents prôner les paroles de bénédictions sur vos enfants, encourager-les, échanger avec les
4- Etc.

Jour 13 : 1 Pierre 3 : 8-9

<<Gentillesse et douceur>>

"Soyez tous doux et humble d'esprit, car celui qui se montre arrogant est rebuté par Dieu. Approchez-vous de Dieu, et il se rapprochera de vous. Purifiez vos mains, pécheurs, et purifiez vos cœurs, gens de double pensée."

Méditation : "Montrez de la gentillesse et de la douceur dans votre comportement. Évitez l'arrogance car elle est repoussée par Dieu. Approchez-vous de Dieu en ayant une attitude humble et vous vous rapprocherez de lui. Purifiez votre conduite en vous éloignant du péché et en ayant une pensée sincère."

Jour 14 : 1 Corinthiens 9 : 24-27

<<Discipline et persévérance>>

"Ne savez-vous pas que ceux qui courent dans le stade courent tous, mais un seul reçoit le prix ? Courrez de telle sorte que vous le gagniez. Tout athlète s'exerce avec retenue dans toutes choses. Ils le font pour recevoir une couronne corruptible, mais nous, pour une couronne incorruptible. C'est pourquoi je cours, non comme à l'aventure, je boxe, mais non comme battant l'air."

Méditation : Le résumé de 1 Corinthiens 9 : 24-27 est l'importance de la discipline et de la persévérance dans notre marche spirituelle. Nous devons courir pour gagner le prix spirituel, comme un athlète qui s'entraîne avec diligence pour recevoir une récompense physique. Il nous est conseillé d'être discipliné et de ne pas agir sans but défini, mais de nous efforcer de remporter la récompense éternelle.

Jour 15 : Galates 5 : 22-23

<<Fruits de l'Esprit>>

"Mais le fruit de l'Esprit, c'est l'amour, la joie, la paix, la patience, la bonté, la bénignité, la fidélité, la douceur, la maîtrise de soi. Contre de telles choses, il n'y a pas de loi."

Méditation : "Le fruit de l'Esprit" selon Galates 5 : 22-23 comprend l'amour, la joie, la paix, la patience, la bonté, la bénignité, la fidélité, la douceur, et la maîtrise de soi. Ces qualités spirituelles sont considérées comme bénéfiques pour la vie et ne sont pas soumises à la loi.

Par exemple, aimer les autres sans jugement, être patient dans les situations difficiles, avoir une attitude de paix et de calme, et être fidèle envers ses promesses sont tous des exemples de la manifestation des fruits de l'Esprit.

Jour 16 : Colossiens 3 : 12-15

<<Habits nouveaux>>

"Revêtez-vous de toutes les armes de Dieu, afin de pouvoir tenir ferme contre les stratagèmes du diable. Car notre combat n'est pas contre la chair et le sang, mais contre les dominations, contre les autorités, contre les princes de ce monde de ténèbres, contre les esprits méchants dans les lieux célestes. C'est pourquoi prenez toutes les armes de Dieu, afin de pouvoir résister dans le mauvais jour, et tenir ferme après avoir tout surmonté."

Méditation : Dans Colossiens 3 : 12-15, nous sommes encouragés à revêtir les armes de Dieu pour nous protéger contre les stratagèmes du diable. Ce n'est pas une lutte contre les gens, mais contre les forces spirituelles du mal. Nous devons nous armer avec les dons de Dieu pour résister aux attaques du diable et tenir ferme.

Jour 17 : 1 Timothée 4 : 7-8

<<Prendre soin de son corps>>

''Exerce-toi à te présenter devant Dieu comme un évangéliste, comme un serviteur fidèle en enseignant la parole de vérité. Ne te laisse pas altérer par les fables et les enseignements trompeurs, qui ne reposent sur rien de solide, mais se fondent sur les principes de la grâce. Mais fais une place à la nourriture saine pour le corps, qui est bénéfique pour ceux qui en font usage."

Méditation : 1 Timothée 4: 7-8 dit que nous devons nous exercer à être de bons évangélistes et serviteurs de Dieu en enseignant la vérité. Nous ne devons pas être influencés par des histoires fausses ou trompeuses qui ne reposent sur aucune base solide. Au lieu de cela, nous devons prendre soin de notre corps en mangeant une nourriture saine qui est bénéfique pour notre santé. Exemple : Au lieu de manger de la junk food, optez pour des aliments sains tels que des fruits et des légumes.

Jour 18 : 2 Corinthiens 9 : 6-8

<<Donner avec joie>>

"Celui qui sème peu moissonne peu, et celui qui sème abondamment moissonne abondamment. Chacun donne comme il a décidé dans son cœur, sans tristesse ni contrainte, car Dieu aime celui qui donne avec joie."

Méditation : "Si vous donnez peu, vous récolterez peu, mais si vous donnez beaucoup, vous récolterez beaucoup. Donnez selon ce que vous avez décidé dans votre cœur, sans tristesse ni contrainte, car Dieu aime les personnes qui donnent avec joie."

Jour 19 : Philippiens 4 : 4-7

<<Pensées positives>>

"Réjouissez-vous toujours dans le Seigneur ! Je le répète : réjouissez-vous. Soyez doux. Que votre esprit soit paisible. Tout ce qui est vrai, noble, juste, pur, aimable, de bonne réputation, digne de louange, ce qui est vertueux et louable, que tout cela occupe vos pensées. Ce que vous avez appris et reçu, ce que vous avez entendu de moi, ce que vous avez vu en moi, mettez-le en pratique. Et le Dieu de la paix sera avec vous."

Méditation : "Soyez toujours heureux dans le Seigneur. Soyez aimable et calme. Pensez à des choses positives qui sont vraies, nobles, justes, pures, agréables, respectables, dignes de louange, vertueuses et louables. Mettre en pratique ce que vous avez appris et reçu de moi. Le Dieu de paix sera alors avec vous."

Jour 20 : 1 Jean 1 : 7-9

<<Confession>>

"Si nous marchons dans la lumière, comme il est lui-même dans la lumière, nous sommes en communion les uns avec les autres, et le sang de Jésus, son Fils, nous purifie de tout péché. Si nous disons que nous n'avons pas de péché, nous nous séduisons nous-mêmes, et la vérité n'est pas en nous. Si nous confessons nos péchés, il est fidèle et juste pour nous les pardonner et pour nous purifier de toute iniquité."

Méditation : Ce passage biblique, tiré de la première épître de Jean, parle de l'importance de vivre dans la lumière de Dieu et de reconnaître ses péchés pour être purifié. Voici une explication plus détaillée de chaque verset :

- "Si nous marchons dans la lumière, comme il est lui-même dans la lumière, nous sommes en communion les uns avec les autres, et le sang de Jésus, son Fils, nous purifie de tout péché." Cela signifie que si nous vivons notre vie en suivant les enseignements de Dieu et en cherchant à être en communion avec les autres croyants, nous sommes purifiés de nos péchés par le sacrifice de Jésus sur la croix. La "lumière" est souvent utilisée dans la Bible pour représenter la pureté et la vérité.

- "Si nous disons que nous n'avons pas de péché, nous nous séduisons nous-mêmes, et la vérité n'est pas en nous." Cela signifie que si nous prétendons être parfaits et sans péché, nous nous trompons nous-mêmes et nous n'avons pas la vérité en nous. Reconnaître ses erreurs et ses fautes est une étape importante pour grandir dans sa foi et sa relation avec Dieu.

- "Si nous confessons nos péchés, il est fidèle et juste pour nous les pardonner et pour nous purifier de toute iniquité." Cela signifie que si nous reconnaissons nos péchés et que nous demandons pardon à Dieu, il est fidèle et juste pour nous pardonner et nous purifier de toute iniquité. Confesser ses péchés est un acte d'humilité et de repentance qui montre notre désir de changer et de vivre en accord avec la volonté de Dieu.

En résumé, ce passage de la Bible nous rappelle que vivre dans la lumière de Dieu, reconnaître nos péchés et demander pardon nous permet d'être purifiés et de vivre en communion avec Dieu et avec les autres croyants.

Jour 21 : 1 Pierre 2 : 9-10

<<Être un choisi de Dieu>>

"Vous êtes une race choisie, un sacerdoce royal, une nation sainte, un peuple acquis, afin que vous annonciez les vertus de celui qui vous a appelés des ténèbres à son admirable lumière. Vous étiez autrefois non-peuple, mais maintenant vous êtes le peuple de Dieu, vous n'aviez pas obtenu miséricorde, mais maintenant vous avez obtenu miséricorde."

Méditation : Ce passage biblique, tiré de la première épître de Pierre, parle de l'identité des chrétiens et de leur rôle dans le monde. Voici une explication plus détaillée de chaque verset :

- "Vous êtes une race choisie, un sacerdoce royal, une nation sainte, un peuple acquis, afin que vous annonciez les vertus de celui qui vous a appelés des ténèbres à son admirable lumière." Cela signifie que les chrétiens sont un peuple spécial, choisi par Dieu pour devenir un sacerdoce royal et une nation sainte. Ils ont été rachetés et sauvés par Dieu pour une raison spécifique : partager avec le monde les merveilles de Dieu et proclamer la bonne nouvelle de l'évangile. Les "ténèbres" font référence à la vie avant la conversion à la foi en Jésus-Christ, alors que la "lumière admirable" représente la vie avec Dieu et la joie qui en découle.

- "Vous étiez autrefois non-peuple, mais maintenant vous êtes le peuple de Dieu, vous n'aviez pas obtenu miséricorde, mais maintenant vous avez obtenu miséricorde." Cela signifie que les chrétiens étaient autrefois des étrangers et des exclus, mais grâce à leur foi en Jésus-Christ, ils sont devenus le peuple de Dieu. Ils ont été sauvés par la grâce et la miséricorde de Dieu, ce qui signifie qu'ils ont reçu un amour et une compassion inconditionnels de la part de Dieu, même s'ils ne le méritaient pas.

En somme, ce passage de la Bible nous rappelle que les chrétiens ont été choisis par Dieu pour devenir un peuple spécial et pour partager avec le monde les merveilles de Dieu. Ils ont été rachetés et sauvés par Dieu pour une raison spécifique, afin de vivre en communion avec Lui et d'annoncer l'évangile aux autres. De plus, cela nous rappelle que même si nous étions autrefois des étrangers et exclus, nous avons reçu la miséricorde de Dieu et sommes maintenant devenus une partie intégrante de son peuple.

Jour 22 : Matthieu 6 : 33-34

<<Mettre Dieu en première priorité>>

"Cherchez premièrement le royaume et la justice de Dieu, et toutes ces choses vous seront ajoutées. Ne vous inquiétez donc pas pour demain, demain se préoccupera de lui-même. A chaque jour suffit sa peine."

Méditation : Le passage de Matthieu 6 : 33-34 est une exhortation de Jésus à ses disciples à se concentrer sur les choses importantes de la vie et à avoir confiance en Dieu pour leurs besoins quotidiens. Voici une explication plus détaillée de chaque verset :

- "Cherchez premièrement le royaume et la justice de Dieu, et toutes ces choses vous seront ajoutées." Jésus encourage ses disciples à rechercher avant tout le royaume de Dieu et sa justice. En d'autres termes, il leur demande de mettre Dieu en premier dans leur vie, de chercher sa volonté et de chercher à vivre selon ses lois et ses principes. Il leur promet que s'ils font cela, toutes les choses dont ils ont besoin leur seront ajoutées. Cela signifie que Dieu pourvoira à leurs besoins, qu'ils soient physiques, matériels ou spirituels.

- "Ne vous inquiétez donc pas pour demain, demain se préoccupera de lui-même." Jésus encourage ses disciples à ne pas s'inquiéter pour l'avenir et à se concentrer sur le présent. Il leur rappelle que demain apportera ses propres préoccupations et que chacun doit faire face aux difficultés du jour présent.

- "A chaque jour suffit sa peine." Jésus demande à ses disciples de vivre un jour à la fois et de faire face aux défis et aux épreuves de chaque jour avec confiance en Dieu. Il leur rappelle que chaque jour a ses propres défis et qu'ils doivent apprendre à gérer ces défis sans s'inquiéter pour l'avenir.

En résumé, ce passage de la Bible nous encourage à chercher d'abord le royaume de Dieu et sa justice, et à avoir confiance en Dieu pour pourvoir à tous nos besoins. Il nous rappelle que nous ne devons pas nous inquiéter pour l'avenir, mais plutôt nous concentrer sur le présent et faire face aux difficultés de chaque jour avec confiance en Dieu. C'est un rappel important que nous devons faire confiance à Dieu et nous appuyer sur lui pour nous guider à travers les défis et les épreuves de la vie.

Jour 23 : Colossiens 3 : 12-14

<<Habiller avec une nouvelle personnalité>>

"Revêtez-vous de la compassion, de la bonté, de l'humilité, de la douceur, de la patience. Supportez-vous les uns les autres, et pardonnez-vous mutuellement, si l'un a une cause de plainte contre l'autre. Le Seigneur vous a pardonné, agissez de même. Au-dessus de tout, revêtez-vous de l'amour qui est le lien parfait."

Méditation : Le livre de Colossiens 3 : 12-14 enseigne sur la nouvelle personnalité que les croyants doivent adopter. Ce passage invite les croyants à porter des qualités telles que la compassion, la bonté, l'humilité, la douceur, la patience, à se soutenir les uns les autres, à se pardonner mutuellement, et à revêtir surtout l'amour qui est le lien parfait.

Cela signifie qu'en tant que chrétiens, nous sommes appelés à laisser derrière nous notre ancienne manière de vivre et à revêtir de nouvelles attitudes et comportements qui reflètent l'amour et la grâce de Dieu.

Jour 24 : Proverbes 28 : 9

"S'élever par la Prière : Atteindre de Nouveaux Sommets Spirituels"

"Celui qui prie, s'élève ; mais celui qui ne prie pas, s'abaisse."

Méditation : "Proverbes 28 : 9 fait référence à la relation entre la prière et la croissance spirituelle. Il suggère que la prière est un moyen puissant pour s'élever spirituellement, en se rapprochant de Dieu et en cultivant une relation plus profonde avec Lui.

D'un autre côté, le manque de prière peut entraîner un abaissement spirituel, en limitant la capacité d'une personne à communiquer avec Dieu et à recevoir Sa grâce et Sa direction.

Ce verset met en évidence la nécessité de maintenir une pratique constante de la prière pour poursuivre une croissance spirituelle saine. En priant régulièrement, nous pouvons être remplis de l'Esprit Saint et être transformés de l'intérieur, ce qui nous permet d'affronter les défis de la vie avec une force et une sagesse renouvelée.

En conclusion, "Celui qui prie, s'élève ; mais celui qui ne prie pas, s'abaisse." Proverbes 28 : 9 est un rappel puissant de l'importance de la prière pour notre croissance spirituelle et de la nécessité de consacrer du temps à cette pratique régulière.

Jour 25 : Ésaïe 40 : 31

<<Le soutien de Dieu>>

"Mais ceux qui espèrent en l'Éternel renouvellent leur force, ils prennent leur envol comme les aigles, ils courent sans se lasser, ils marchent sans s'épuiser."

Méditation : Dans Ésaïe 40 : 31, l'auteur encourage les personnes à placer leur espoir en Dieu. Ceux qui font cela renouvellent leur force et sont en mesure de faire face aux défis de la vie avec une énergie renouvelée.

L'image de l'aigle qui prend son envol est utilisée pour montrer la liberté et la force que l'on peut ressentir lorsque l'on place notre confiance en Dieu. Les personnes qui espèrent en Dieu ne se lassent pas lorsqu'ils courent ou marchent, car leur foi leur donne la force de continuer malgré les difficultés.

En résumé, Ésaïe 40 : 31 nous dit que si nous espérons en Dieu, nous serons renouvelés et en mesure de faire face aux défis de la vie avec une force renouvelée.

Jour 26 : 1 Corinthiens 10 : 13

<<La tentation>>

"Aucune tentation ne vous est survenue qui n'ait été humaine, et Dieu, qui est fidèle, ne permettra pas que vous soyez tentés au-delà de vos forces, mais avec la tentation il préparera aussi le moyen d'en sortir, afin que vous puissiez la supporter."

Méditation : 1 Corinthiens 10 : 13 parle de la tentation et de la façon dont Dieu nous aide à la surmonter. Selon ce verset, aucune tentation ne nous est infligée qui ne soit pas gérable pour nous et Dieu, qui est fidèle, ne permettra pas que nous soyons soumis à une tentation qui dépasse nos capacités. De plus, Dieu nous donne les moyens de sortir de la tentation, afin que nous puissions la surmonter.

Un exemple concret de cette promesse peut être vu lorsqu'une personne est tentée de commettre un péché, mais trouve la force de résister grâce à la prière et à la méditation sur la Parole de Dieu. De même, une personne confrontée à des difficultés financières peut être tentée de désespérer, mais en s'appuyant sur la foi en Dieu et en Sa promesse de provision, elle peut trouver le courage et la force de surmonter cette épreuve.

Jour 27 : Philippiens 4 : 13

<<La force en Christ>>

"Je peux tout faire en celui qui me fortifie."

Méditation : Le passage Philippiens 4 : 13 enseigne que nous avons la force de faire tout ce que nous devons faire grâce à notre foi en Jésus-Christ. En d'autres termes, notre foi en Jésus nous donne la force de surmonter les défis et les difficultés de la vie. Cela signifie que, même si nous ne pouvons pas faire face à nos défis et à nos problèmes seuls, nous pouvons être assurés que nous avons la force nécessaire pour les surmonter avec l'aide de Jésus.

Un exemple concret de ce passage pourrait être quelqu'un qui doit faire face à une maladie grave. Cette personne peut ne pas se sentir capable de surmonter la maladie seule, mais en s'appuyant sur sa foi en Jésus, elle peut être assurée que la force nécessaire pour surmonter la maladie lui sera donnée.

De même, si quelqu'un doit faire face à des défis financiers, en s'appuyant sur sa foi en Jésus, il peut être assuré qu'il aura la force nécessaire pour surmonter ces défis.

Jour 28 : Psaume 121 : 1-2

<<La protection de Dieu>>

"Je lèverai mes yeux vers les montagnes : d'où viendra mon secours ? Mon secours vient du Seigneur, qui a fait les cieux et la terre."

Méditation : Le Psaume 121 : 1-2 parle de la protection de Dieu. Le psalmiste montre sa confiance en Dieu en tournant son regard vers les montagnes pour chercher son secours. La réponse est claire : le secours vient du Seigneur, qui a créé les cieux et la terre. Cela montre la puissance et l'omnipotence de Dieu, et l'assurance que nous pouvons avoir en lui pour nous protéger et nous aider dans les moments difficiles.

Exemple : Imaginez que vous êtes perdu dans une forêt sombre et effrayante. Vous pouvez lever les yeux vers les montagnes et prier pour la protection de Dieu, sachant qu'il est plus grand que tout ce qui vous entoure et peut vous aider à trouver votre chemin. Ou, imaginez que vous traversez une période difficile dans votre vie, peut-être avec des défis financiers ou des problèmes de santé. En lisant ce verset, vous pouvez être rappelé que Dieu est là pour vous soutenir et vous protéger, peu importe ce qui se passe.

Jour 29 : Jean 15 : 7

<<Demande et tu Recevras : La Promesse de la Prière en Union avec Jésus>>

"Si vous demeurez en moi, et que mes paroles demeurent en vous, demandez ce que vous voudrez, et cela vous sera accordé."

Méditation : " Jean 15 : 7 est un verset de l'Évangile selon Jean qui parle de la puissance de la prière lorsque nous sommes en union avec Jésus. Le verset nous encourage à demeurer en Jésus, c'est-à-dire à avoir une relation étroite et personnelle avec lui, et à garder ses paroles en nous, c'est-à-dire à les mettre en pratique dans notre vie quotidienne.

Lorsque nous sommes en union avec Jésus, notre prière est plus puissante et nous recevons plus facilement ce que nous demandons. Cela signifie que, si nous demandons quelque chose qui est en conformité avec la volonté de Dieu pour nos vies, il nous le donnera.

Un exemple concret de la mise en pratique de ce verset peut être une personne qui prie pour trouver la paix intérieure et qui, en demeurant en Jésus et en mettant ses paroles en pratique, trouve la paix et la sérénité qu'elle cherchait.

Un autre exemple peut être une personne qui prie pour la guérison d'un proche et qui, en restant en union avec Jésus, voit cette personne être guérie par la grâce de Dieu.

En somme, ce verset nous encourage à développer une relation profonde et personnelle avec Jésus, à mettre ses paroles en pratique dans notre vie quotidienne et à croire que nos prières seront exaucées lorsqu'elles sont en conformité avec la volonté de Dieu.

Jour 30 : 1 Pierre 5 : 7

<<La dépendance de Dieu>>

"Jetez tous vos soucis sur lui, car il prend soin de vous."

Méditation : 1 Pierre 5 : 7 encourage les chrétiens à déposer tous leurs soucis sur Dieu, car Il est le protecteur fidèle qui veille sur eux. En d'autres termes, cela signifie qu'au lieu de se préoccuper de leurs propres soucis et de leurs propres problèmes, les chrétiens peuvent avoir confiance en Dieu pour s'occuper d'eux. Il est capable de les aider à surmonter les difficultés et les défis de la vie, et Il est toujours là pour les soutenir.

Un exemple concret de cette dépendance envers Dieu peut être vu lorsque quelqu'un est confronté à des difficultés financières. Au lieu de s'inquiéter et de stresser à propos de comment il ou elle va payer les factures ou satisfaire les besoins de sa famille, cette personne peut déposer ces soucis sur Dieu en ayant confiance en Sa protection et en Sa provision. De même, lorsqu'une personne est confrontée à des défis de santé, elle peut déposer ses soucis sur Dieu en ayant confiance en Sa guérison et en Sa grâce.

Jour 31 : Ésaïe 41 : 10

<<La force en Dieu>>

"Ne crains rien, car je suis avec toi, ne sois pas inquiet, car je suis ton Dieu. Je te fortifie, je t'aide, je te soutiens avec ma droite triomphante."

Méditation : Ésaïe 41 : 10 est un passage biblique qui encourage la confiance en Dieu. Il dit que nous n'avons pas à avoir peur, car Dieu est avec nous et nous soutient. Il se présente comme notre Dieu et nous promet de nous fortifier, de nous aider et de nous soutenir avec sa main puissante. Cela signifie que Dieu nous donne la force de faire face à toutes les difficultés et les défis de la vie.

Par exemple, si nous sommes confrontés à des problèmes financiers, Dieu peut nous donner la force et la sagesse pour les surmonter. De même, si nous sommes confrontés à des difficultés émotionnelles ou spirituelles, Dieu peut nous aider à les surmonter avec sa grâce et sa paix.

En somme, ce verset nous rappelle que nous pouvons avoir confiance en Dieu, quelles que soient les circonstances, et qu'il est toujours là pour nous soutenir et nous fortifier.

Jour 32 : 1 Jean 4 : 4

<<L'amour de Dieu>>

"Vous êtes de Dieu, enfants, et vous avez vaincu ceux qui étaient méchants, parce que Celui qui est en vous est plus grand que celui qui est dans le monde."

Méditation : 1 Jean 4 : 4 est un passage biblique qui parle de l'amour de Dieu. Il dit que nous sommes enfants de Dieu et que nous avons vaincu ceux qui sont méchants parce que Dieu, qui habite en nous, est plus grand que tout ce qui se trouve dans le monde. Cela signifie que l'amour de Dieu en nous est plus fort que toutes les forces du mal et que nous pouvons triompher sur elles.

Par exemple, si nous sommes confrontés à la tentation, l'amour de Dieu en nous peut nous donner la force de résister. Aussi, si nous sommes confrontés à la haine ou à la discrimination, l'amour de Dieu en nous peut nous donner la force de faire le bien et de vivre dans l'harmonie avec les autres.

En somme, ce verset nous rappelle que nous avons la puissance de Dieu en nous pour triompher sur les forces du mal et vivre selon son amour.

Jour 33 : Proverbes 3 : 5-6

<<Confiance en Dieu>>

"Confie-toi en l'Éternel de tout ton cœur, et ne t'appuie pas sur ta sagesse. Reconnais-le dans toutes tes voies, et il aplanira tes sentiers."

Méditation : Le verset 3 : 5-6 du livre des Proverbes encourage à avoir une confiance absolue en Dieu. Il dit que nous ne devons pas nous fier à notre propre sagesse, mais plutôt à Dieu. En reconnaissant Dieu dans toutes nos décisions et en nous reposant sur lui, il nous guidera et aplanira notre chemin.

Par exemple, au lieu de se stresser sur un choix important, nous pouvons prier et chercher la direction de Dieu. De cette façon, nous pouvons être assurés que nous suivons le chemin qu'il a prévu pour nous, plutôt que de nous fier à notre propre jugement qui peut être limité.

Jour 34 : 1 Timothée 6 : 11-12

<<Le but de la vie>>

"Poursuis la justice, la piété, la foi, l'amour, la persévérance, la douceur. Combat le bon combat de la foi, saisis la vie éternelle, pour laquelle tu as été appelé et fais une bonne confession devant beaucoup de témoins."

Méditation : Le verset 1 Timothée 6 : 11-12 décrit le but de la vie chrétienne. Il encourage à poursuivre des qualités telles que la justice, la piété, la foi, l'amour et la persévérance. En même temps, il nous invite à nous battre pour notre foi, à saisir la vie éternelle qui nous a été offerte par notre appel à la foi en Jésus-Christ et à faire une bonne confession de notre foi devant un grand nombre de témoins.

Par exemple, cela peut signifier vivre une vie intègre, aimer les autres comme nous-mêmes, partager notre témoignage avec les autres et résister aux tentations qui vont à l'encontre de nos valeurs chrétiennes. Le but de la vie est de suivre Jésus et de vivre selon ses enseignements, ce qui nous mène à une vie éternelle avec lui.

Jour 35 : Colossiens 3 : 1-2

<<La vie en Christ>>

"Si donc vous êtes ressuscités avec Christ, cherchez les choses d'en haut, où Christ est assis à la droite de Dieu. Affez-vous aux choses d'en haut, et non à celles de la terre."

Méditation : Le verset Colossiens 3 : 1-2 parle de la vie en Christ. Il dit que si nous avons été ressuscités avec Jésus, nous devons nous concentrer sur les choses spirituelles plutôt que sur les choses matérielles de ce monde. Il nous encourage à chercher les choses célestes, où Jésus est assis à la droite de Dieu, plutôt que de nous concentrer sur les choses terrestres.

Par exemple, cela peut signifier que nous mettons notre priorité sur la croissance spirituelle et la connexion avec Dieu, plutôt que sur les possessions matérielles et les réussites mondaines. Vivre en Christ signifie vivre selon ses enseignements et se concentrer sur les choses spirituelles qui ont une valeur éternelle.

Jour 36 : Jean 14 : 27

<<La paix de Dieu>>

"Je vous laisse la paix, je vous donne ma paix. Je ne vous la donne pas comme le monde la donne. Que votre cœur ne se trouble ni ne s'effraye."

Méditation : Le verset Jean 14 : 27 parle de la paix que Jésus donne à ses disciples. Il dit qu'il leur laisse la paix et qu'il leur donne sa propre paix, qui est différente de la paix que le monde peut offrir. Il les exhorte à ne pas être troublés ni effrayés. Cela signifie que même dans les moments difficiles de la vie, nous pouvons avoir la paix intérieure en sachant que Jésus est avec nous et nous soutient.

Par exemple, au lieu de nous inquiéter pour l'avenir ou d'avoir peur des défis qui se posent à nous, nous pouvons choisir de faire confiance à Jésus et de reposer en sa paix. En vivant en union avec lui, nous pouvons vivre une vie paisible et sereine, même dans les moments les plus difficiles.

Jour 37 : Romains 12 : 2

<<La transformation par le Saint-Esprit>>

"Ne vous conformez pas au siècle présent, mais soyez transformés par le renouvellement de votre esprit, afin que vous puissiez discerner la volonté de Dieu, ce qui est bon, agréable et parfait."

Méditation : Le verset Romains 12 : 2 parle de la transformation par le Saint-Esprit. Il nous exhorte à ne pas nous conformer aux standards et aux valeurs du monde actuel, mais à être transformés par le renouvellement de notre esprit. En d'autres termes, nous devons nous laisser guider par l'Esprit Saint pour changer la façon dont nous pensons et agissons, plutôt que de suivre simplement les normes de la société. Cela nous permettra de mieux discerner la volonté de Dieu pour notre vie, et de savoir quoi faire de bon, de juste et de parfait.

Par exemple, cela peut signifier que nous choisissons de vivre selon les principes moraux et éthiques de Dieu plutôt que de suivre les tendances du monde qui peuvent être en opposition avec ses enseignements. En nous laissant transformer par le Saint-Esprit, nous pouvons vivre une vie plus alignée sur la volonté de Dieu.

Jour 38 : Éphésiens 6 : 10-11

<<La force spirituelle>>

"Soyez forts dans le Seigneur et dans la puissance de sa force. Revêtez toutes les armes de Dieu, afin de pouvoir tenir ferme contre les stratagèmes du diable."

Méditation : Les versets Éphésiens 6 : 10-11 nous parlent de la force spirituelle. Nous sommes invités à être forts dans le Seigneur et à puiser notre force en lui. Pour faire face aux défis spirituels de la vie, nous devons revêtir toutes les armes de Dieu. Les armes spirituelles peuvent inclure la prière, la lecture de la Bible, la méditation sur les paroles de Dieu, la participation à la vie communautaire des croyants, etc.

En utilisant ces armes, nous pouvons tenir ferme contre les stratagèmes du diable, qui essaie de nous éloigner de Dieu et de sa volonté pour nos vies.

Par exemple, lorsque nous sommes tentés de céder à la colère ou à la jalousie, nous pouvons nous rappeler les promesses de paix et d'amour de Dieu et prier pour sa force pour nous aider à faire les bons choix. En nous appuyant sur la force spirituelle offerte par Dieu, nous pouvons vivre une vie plus proche de lui et plus en paix.

Jour 39 : Matthieu 6 : 33

<<La priorité de Dieu>>

"Cherchez premièrement le royaume et la justice de Dieu, et toutes ces choses vous seront données par-dessus."

Méditation : Le verset Matthieu 6 : 33 traite de la priorité de Dieu dans notre vie. Nous sommes invités à chercher en premier lieu le royaume et la justice de Dieu, avant de nous préoccuper de toutes les autres choses. Cela signifie que nous devons placer Dieu au centre de nos pensées, de nos actions et de nos priorités, en nous efforçant de vivre selon ses principes et sa volonté. Si nous faisons cela, Jésus nous promet que toutes les autres choses dont nous avons besoin seront données "par-dessus".

Par exemple, si nous mettons Dieu en premier dans notre vie en passant du temps quotidien en prière et en lisant la Bible, en servant les autres et en faisant des choix en conformité avec ses principes, nous découvrirons que nos besoins matériels seront satisfaits. Nous pourrons également trouver la paix intérieure et la satisfaction qui échappent à ceux qui cherchent simplement à satisfaire leurs propres désirs et ambitions. En cherchant premièrement le royaume et la justice de Dieu, nous constaterons que nous avons reçu tout ce dont nous avions besoin, et bien plus encore.

Jour 40 : Psaume 23 : 1-3

<<La présence de Dieu>>

"L'Éternel est mon berger, je ne manquerai de rien. Il me fait reposer dans de verts pâturages, il me dirige près des eaux paisibles. Il restaura mon âme."

Méditation : Le Psaume 23 décrit la présence de Dieu comme un berger pour son peuple. Dieu fournit tout ce dont nous avons besoin, nous faisant reposer dans des lieux verdoyants et paisibles. Il nous dirige et restaura notre âme, nous apportant paix et sécurité. Cette présence constante de Dieu est un réconfort pour ceux qui croient en lui.

Que ce temps de méditation et de prière soit une bénédiction pour votre vie spirituelle et pour votre relation avec Dieu. Demandez à Dieu de vous montrer sa volonté et de vous guider dans votre vie, et confiez-lui toutes vos préoccupations. Il est fidèle et vous aime inconditionnellement.

Printed by Books on Demand GmbH, Norderstedt / Germany